MÉMOIRE
SUR
LA PROPRIÉTÉ DE PLASSAC

PARIS. — IMP. SIMON RAÇON ET COMP., RUE D'ERFURTH, 1.

CONCOURS POUR LA PRIME D'HONNEUR

A DÉCERNER DANS LE DÉPARTEMENT DE LA CHARENTE-INFÉRIEURE EN 1866

MÉMOIRE

SUR LA

PROPRIÉTÉ DE PLASSAC

CANTON DE SAINT-GENIS, ARRONDISSEMENT DE JONZAC

PAR

LE M¹⁵ DE DAMPIERRE

PROPRIÉTAIRE

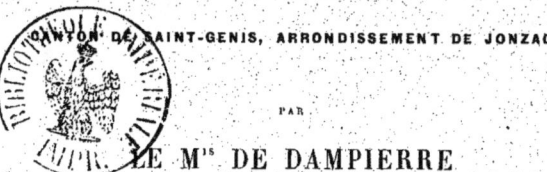

PARIS
LIBRAIRIE AGRICOLE DE LA MAISON RUSTIQUE
26, RUE JACOB, 26
1865

MÉMOIRE
SUR LA
PROPRIÉTÉ DE PLASSAC

La terre de Plassac, d'une contenance de 200 hectares 11 ares 82 centiares, est située canton de Saint-Genis, arrondissement de Jonzac (Charente-Inférieure), à l'angle de la route impériale de Bordeaux à Nantes et de la route départementale de Port-Maubert à Barbezieux, à 41 kilomètres de Blaye, 32 kilomètres de Saintes, 40 kilomètres de Barbezieux, 16 kilomètres de Port-Maubert sur la Gironde, 32 kilomètres de Cognac.

Sa situation topographique, la proximité de la Gironde, la multitude des voies de communication qui l'entourent, leur excellent état, ne laisseront rien à désirer lorsque le chemin de fer en cours d'exécution de Coutras à Rochefort (ligne de Bordeaux à Nantes) aura ouvert les stations de Mosnac à 5 kilomètres, de Pons, et de Jonzac à 12 kilomètres.

Sol. Le sol de cette contrée est éminemment calcaire, peu profond en général ; le sous-sol est rocheux, très-perméable, souvent *bancheux*, suivant l'expression du pays, et éminemment propre à la culture de la vigne.

Produits. Plassac est compris dans la zone qui donne les eaux-de-vie dites de *Cognac*, et ses produits sont classés comme *bons bois*. L'importance de la culture de la vigne devait donc être maintenue et augmentée à Plassac lorsqu'une impulsion plus vive est venue innover en bien d'autres points, et elle y a été, en effet, comme elle y est encore regardée comme le pivot de son exploitation, la source de son revenu le plus certain.

Parallèlement à cette branche de produit il a été créé, en vue de répandre dans le pays des races utiles une vacherie importante de la race écossaise *d'ayr*; un petit troupeau *south-down*; et une porcherie de *petites races anglaises perfectionnées*, dont les produits ont acquis une certaine notoriété par leurs succès dans les concours depuis quinze ans.

Par suite de ces créations, la culture des fourrages artificiels et des racines a dû prendre à Plassac une grande importance ; c'est elle, en effet, qui, après la vigne, est l'objet de notre plus grande sollicitude.

La culture des grains ne vient que dans une ordre fort secondaire et quoiqu'elle soit faite avec soin, qu'elle se ressente de la fertilité à laquelle de fortes et constantes fumures ont amené nos terres, les petites surfaces emblavées ne mettent qu'au second rang le produit de nos céréales.

Les bois n'ont qu'une importance analogue.

Le faire valoir direct du propriétaire est le mode d'exploitation adopté pour la terre de Plassac. **Exploitation.**

L'habitation en elle-même, le château, ses dépendances, les jardins, parterres, etc., entraînent des travaux assez considérables ; toutes les dépenses qui les concernent ont été soigneusement séparées de celles qui regardent l'exploitation agricole et je n'aurai pas à en dire un mot.

Le régisseur seul donne une partie de son temps à la surveillance de cette partie de la propriété, le personnel de la ferme ne travaille pour elle qu'en recevant le prix de son travail ; de même que les denrées, fumiers, etc., qui lui sont fournis sont évalués à prix d'argent.

Voici les contenances des diverses parties de l'exploitation :

59 hectares 22 ares 06 centiares. Vignes.
45   —   12 — 63   —   Terres labourables.
14   —   66 — 56   —   Prairies naturelles.
53   —   35 — 02   —   Bois.
11   —   74 — 50   —   Landes boisées.
16   —   01 — 11   —   Cours, jardins, parterres, allées, etc.

Sept mois de séjour constant et pendant le reste du **Personnel.** temps de fréquents voyages au moment où les travaux sont en cours d'exécution permettent au propriétaire de diriger lui-même l'exploitation.

Le personnel sous ses ordres se compose de la manière suivante :

1 Régisseur.
1 Sous-régisseur, magasinier et chef de culture des vignes.
1 conducteur de travaux, chef terrassier.
1 Vigneron et sa famille.
2 Charretiers.
4 Bouviers.
2 Vachers.
1 Berger.
1 Porchère.
2 Femmes de ménage et de basse-cour.
1 Meunier.

Ouvriers. Les ouvriers de journée sont toujours nombreux à Plassac dans la saison des travaux. La main d'œuvre qui se fait rare chaque jour ne nous manque cependant pas encore, à condition, il faut le dire, de n'être pas exigeant sur la qualité de l'ouvrier. Les prix faits (et pour cause) sont la chose du monde la plus difficile à obtenir, et c'est à la journée que nous payons l'exécution de tous nos travaux.

Les prix de la journée des femmes varient de 60 centimes à 1 franc, suivant la saison ; ceux de la journée des hommes de 1 franc 25 centimes à 1 franc 75 centimes.

En outre des ouvriers du pays, nous avons pu nous procurer depuis quelques années des terrassiers qui viennent des départements du Midi, du versant nord des

Pyrénées, ouvriers robustes et excellents qui, eux, ne demandent pas mieux que de travailler à la tâche, que nous logeons, et qui, employés à la journée, sont payés de 2 francs à 2 francs 25 centimes.

Nos *métiviers* choisis entre les ouvriers du pays les plus anciens, les plus attachés à la maison, plutôt qu'entre les plus jeunes et les plus vigoureux, reçoivent pendant la saison des récoltes une sorte de haute paye fort avantageuse et qui fait l'ambition de tous. — Voici les conditions de leur travail pendant les mois de juin, juillet et août, époque des fauches et de la moisson : chaque métivier reçoit par semaine, ou par chaque six journées de travail, 30 litres de froment et 30 litres de méteil, plus une barrique de vin blanc pour ses trois mois. Ces prix n'ont pas été modifiés depuis que dans mon exploitation ont été introduits la faucheuse de *Wood*, les faux à moissonner, le battage à la mécanique, et autres instruments qui diminuent singulièrement la peine des métiviers.

Pour pouvoir parler avec quelque détail des diverses branches de l'exploitation, je dois les prendre dans l'ordre où je les ai placées : les *vignes* d'abord ; les *terres labourables* et les *prairies* ensuite. — Je parlerai après de l'organisation des *bâtiments* ; des *animaux de travail* ; de l'*outillage de la ferme* ; de la *vacherie* ; de la *bergerie*, et de la *porcherie*.

Lorsque je reçus Plassac en partage de famille en 1850, **Vignes.**

la contenance des vignes y était de 34 hectares 01 ares 11 centiares, savoir :

Le Parc.	10 hectares 52 ares	80 centiares.
Les Breux.	3 — 23	— 40 —
La Verrie.	19 — 08	— 41 —
Les Maçonneries.	1 — 16	— 50 —

Ces vignes avaient été passablement bien soignées, mais elles étaient vieilles et usées. Au lieu de les arracher, je m'attachai à leur redonner une plus grande vigueur et à prolonger leur existence, au moyen des transports de terre, des fumures, et plus tard de l'enlèvement d'un rang sur trois et de l'enfouissement des ceps arrachés, de manière à remplacer les manques.

Plantation. En même temps que je soignais mieux les vieilles vignes j'en plantai de nouvelles, et c'est ainsi que la contenance primitive de 34 hectares 85 ares 11 centiares a été portée à 59 hectares 22 ares 06 centiares qui se décomposent ainsi :

Le Parc.	11 hectares 32 ares	60 centiares.
Les Breux.	5 — 23	— 40 —
La Verrie.	22 — 74	— 11 —
Les Maçonneries.	3 — 71	— 80 —
Les Lambineries.	3 — 19	— 20 —
Fonreau.	9 — 39	— 55 —
Vigne Saint-Louis.	3 — 61	— 40 —

Amendements, fumures. L'enlèvement des terres des allées, les transports des bouts des champs, les curages des fossés me donnèrent pour mes terrassements des matériaux précieux : ce fut un travail auquel je procédai sans relâche et qui est aujourd'hui effectué à peu près partout.

Des fumures tout à fait inusitées dans le pays furent ensuite pratiquées avec un tel succès qu'elles sont maintenant imitées par un grand nombre de propriétaires. Je commençai par employer les chiffons de laine dans les vignes du parc qui étaient les plus vieilles, les plus malades et les plus immédiatement sous mes yeux. Les chiffons ne coûtaient alors que 4 francs les cinquante kilos, j'en mis 1,500 kilogrammes à l'hectare. Leur effet fut nul la première année; mais dans les cinq ou six années qui suivirent il fut admirable, la végétation devint des plus vigoureuses; une vigne qui n'avait que des bois maigres et misérables me donna des sarments de 2 mètres et un rendement tout à fait remarquable. Aux chiffons succédèrent des essais de rognages de cuir, puis des rognages de cornes, dont je fus moins satisfait. Enfin, j'employai le fumier d'étable, et, je dois le dire, la hausse considérable du prix des chiffons de laine m'a déterminé à m'en tenir désormais au fumier, le meilleur, le meilleur marché de tous les engrais, et le mieux adapté, selon moi, aux conditions économiques dans lesquelles il nous est prescrit de produire nos vins de chaudière, qui ne peuvent, comme les vins de table, supporter des frais considérables de culture et user des terreaux habilement composés, des engrais chimiques que je vois employer avec succès chez nos voisins du Médoc et même du Blayais.

Mes fumiers assez pailleux ont été appliqués directement au pied de la vigne, et après le déchaussage, à raison d'environ 15 à 20,000 kilogrammes à l'hectare, et à cette dose si faible, et qui demande seulement quelques soins et quelques frais de main-d'œuvre pour être employée convenablement, l'effet a été au delà de toutes mes prévisions. La première vigne ainsi traitée était condamnée à mort; l'année même de la fumure elle poussa des bois magnifiques et depuis cinq ans sa végétation se soutient et son rendement a été de 48 à 60 hectolitres à l'hectare; elle rivalise avec mes meilleures jeunes vignes des *Breux*.

Enfouissement des ceps. J'avais vu dans le Gers, près de Vic-Fezensac, pratiquer une opération qui excita vivement mon attention, l'enfouissement de vieux ceps de vigne pour la création de vignes nouvelles, enfouissement qui se faisait à une grande profondeur et laissait sortir de terre un seul sarment de l'année, lequel poussait avec une vigueur extraordinaire et semblait au bout de deux ans provenir d'un chevelu de quatre ou cinq ans. J'imaginai d'appliquer cette méthode à des vignes où il manquait à peu près le tiers des pieds. Il n'y avait pas à songer à planter des broches ou des chevelus au milieu de ces vieux plants qui les eussent étouffés; mais il me parut possible d'arracher un rang sur trois pour mettre mes vignes, ce que l'on nomme dans le pays *à rangs passés*, et de consacrer les pieds arrachés dans chaque rang condamné au remplacement de tous les manquants dans les rangs restants, selon la méthode d'enfouissement que j'avais remarquée dans le Gers. — De cette manière, je donnais de l'air à mes vignes; je pouvais pendant quelques années cultiver à la place du rang arraché des plantes sarclées et fumées qui devaient laisser aux vignes une bonne dose d'engrais. Mes prévisions étaient bien fondées, l'effet de cet engrais fut tel, en effet, qu'une année après, le développement des sarments qui se croisaient rendit la culture entre rangs impossible, et que mes souches enterrées et communiquant à la tige qui sortait de terre une force étonnante comblèrent bientôt tous les vides. Ces jeunes pieds donnèrent, à la manière des provins, des raisins en grande quantité la première année, et puis l'année d'après poussèrent en bois seulement toute leur vigueur, pour redonner des raisins la troisième année et les suivantes.

J'ai enterré ainsi environ 60,000 ceps de vigne; je crois pouvoir assurer qu'il n'en a pas manqué plus d'un centième, malgré les années de sécheresse pendant lesquelles cette opération s'est exécutée. Ce travail, que je voulais pouvoir surveiller de près, parce qu'il était l'objet de la risée de nos paysans, a été fait à la journée; mais, dans le principe, j'avais calculé qu'à prix fait il ne m'eût coûté que de quatre à cinq centimes le pied.

C'est aussi à la journée que je fais tailler mes vignes. *Taille.* Cette opération est d'une telle importance et traitée d'ordinaire si légèrement, que j'ai voulu qu'elle fût exécutée chez moi par un petit nombre d'hommes tout à fait expérimentés, et sous la conduite du chef de culture de mes vignes, qui ne les quitte pas un instant. Chaque ouvrier est armé d'un sécateur, d'une serpe, et d'une petite scie à main; et chacun de ces instruments trouve tour à tour son emploi, je dirai même est indispensable, dans de vieilles vignes surtout. Payés à la tâche, les ouvriers n'auraient certainement pas la conscience de perdre un peu de temps pour substituer l'outil le plus convenable à celui qu'il tient en main et qui ferait sa besogne à peu près : jamais donc il ne m'a paru plus utile de me départir de ma préférence pour le travail à la tâche qu'en ce qui concerne la taille de la vigne.

Chaussage, déchaussage. Il n'en est pas de même, sauf les circonstances exceptionnelles, pour les autres façons de la vigne, qui se font à prix fait. Voici les prix du pays par journal de 34 ares 19 centiares, en supposant les rangs pleins, c'est-à-dire à un mètre de distance entre les rangs et 5 pieds de tire, selon l'usage de la contrée : taille, 4 fr.; *cavaillon* ou déchaussage, 3 fr. 50 à 4 fr., suivant l'âge de la vigne.

Toutes nos vignes sont chaussées à la charrue, ou travaillées à plat, avec la herse de M. *Portal de Moux*, ou les instruments de M. *Paris*, d'Aulnay, conduits par des bœufs.

Vinification. La vinification, qui, jusqu'à ces derniers temps, s'était accomplie suivant les usages du pays, laissait assurément beaucoup à désirer. — Nos bandes de vendangeurs étaient bien composées et bien conduites; nos moyens de transport bien organisés; notre moulin à fouler la vendange, notre fouloire, étaient excellents; le vin, transporté au moyen d'une pompe dans nos tonneaux et dans nos tierçons, y arrivait ainsi sans frais, sans perte de temps; mais les trois pressoirs à vis de fer, et de trois systèmes différents, ne me semblaient aucun assez puissants, et quels que fussent nos soins pour épuiser les marcs, ils retenaient, à n'en pouvoir douter, des quantités considérables d'alcool, car nous vîmes tout à coup s'organiser des sociétés qui réclamèrent nos marcs pour les distiller, nous offrant de prendre à leur charge tous les frais et de nous donner la moitié de l'eau-de-vie qui serait obtenue. Nous pûmes constater nous-mêmes avec douleur que les distillateurs avaient raison, qu'une quantité notable d'eau-de-vie était ainsi jetée tous les ans au fumier, dans les prés où l'on transportait les marcs, et l'eau-de-vie qu'ils retenaient après l'épreuve du pressoir fut évaluée à 6 litres de la force de 60 degrés centésimaux par cent kilos de marc. Je dis que c'est avec douleur que nous constatâmes ce résultat, parce que nous obtenions, tout à la fois, et les quantités d'eau-de-vie qu'annonçaient les distillateurs, et une qualité si détestable qu'elle ne permettait aucun emploi de ces spiritueux. La fermentation sans doute avait imprimé une marque indélébile à tout l'alcool que nos pressoirs avaient été impuissants à extraire de nos marcs. Quel remède à un pareil mal ? — J'en étais à prendre la résolution d'acheter deux de ces pressoirs puissants et d'un prix très-élevé, que j'avais vus fonctionner dans maints concours, quand, en 1863, assistant à la tenue du comice agricole de l'arrondissement qui avait lieu à Saint-Genis, j'eus l'occasion d'entendre M. *Petit* exposer un système d'épuisement des marcs, au moyen de la *macération*, imaginé par lui, et qu'il venait de soumettre à l'examen des sociétés d'agriculture de la

Rochelle et de Saintes. Cette communication répondait à une de mes plus vives préoccupations du moment ; la théorie et la démonstration du système de M. *Petit* me parurent s'appuyer sur des données scientifiques et pratiques incontestables ; je m'appliquai à étudier et à suivre le chemin qu'allait faire l'intéressante découverte. Bientôt les sociétés d'Agriculture de Saintes et de la Rochelle, après de sérieuses expériences et sur des rapports du plus haut intérêt, décernèrent à MM. *Petit* et *Robert* chacune une médaille d'or, et accompagnèrent cette haute récompense des encouragements les plus significatifs. Je saisis la première occasion d'aller à Saintes chez MM. *Petit* et *Robert* ; j'écoutai de nouveau leurs explications très-lucides, et, après avoir constaté l'importance de leur idée, je fus amené à leur offrir de les présenter à la *Société centrale d'Agriculture*, dont j'avais l'honneur de faire partie, et de les mettre ainsi en mesure de soumettre leur invention à l'examen et aux contradictions des chimistes et des agriculteurs les plus éminents. Ces messieurs acceptèrent avec empressement ma proposition, et M. *Petit* prit ses dispositions pour venir immédiatement à Paris dans le seul but de répondre à mon offre. J'introduisis M. *Petit* dans le sein de la société ; il y arriva muni d'un modèle de ses appareils qu'il lui offrit, et il y exposa son système clairement, simplement, en homme convaincu et qui demande des objections. Il n'en obtint pas une, et l'approbation manifeste qu'il reçut de MM. *Chevreul, Payen, Boussingault*, etc., me pénétra de la conviction qu'il y avait là le germe de toute une révolution dans la manière de faire nos vendanges. Je pris dès ce moment la résolution vis-à-vis de moi-même, et, peu après, l'engagement vis-à-vis de M. *Petit* de soumettre toutes mes vignes de Plassac à la macération dès l'année suivante. Cette année a été celle de 1864, et je puis aujourd'hui, après une étude patiente de cette question, me rendre un compte très-exact de son importance et du rôle qu'elle est appelée à jouer dans tous les pays qui produisent des vins de chaudière.

M. le Bon *Paul Thénard* étant venu à Plassac à l'époque des vendanges pour examiner le fonctionnement du système de macération de MM. *Petit* et *Robert,* sur lequel il avait été chargé par la *Société d'encouragement des sciences* de formuler son opinion, je crois utile de transcrire ici le petit rapport que mon fils, sur la demande expresse de M. le Bon *Thénard,* a dû lui adresser. Ce rapport relate scrupuleusement les expériences qu'il avait suivies avec un soin extrême, autant pour son instruction personnelle qu'en vue de me fournir des données positives et capables de m'éclairer moi-même sur la valeur de ce système.

« Monsieur le baron,

« Vous m'avez fait l'honneur de me demander quelques notes sur le système de macération de MM. Petit et Robert que mon père a établi cette année dans sa propriété de Plassac et que vous êtes venu voir fonctionner vous-même au mois de septembre dernier. Mon père m'a chargé de surveiller les travaux ; je l'ai fait avec le plus grand soin, notant scrupuleusement toutes choses, et cherchant, par des expériences comparatives, à me rendre compte autant que possible des avantages que présente le système de MM. Petit et Robert. Je crois donc ne pouvoir mieux faire que de vous envoyer, purement et simplement le relevé de ces notes et de ces observations, que je vais tâcher de rédiger aussi clairement et aussi succinctement que possible.

« Tous les viticulteurs savent que jusqu'ici il restait dans les marcs ou résidus des raisins de telles quantités de glucose, qu'après leur fermentation, que vous me permettrez d'appeler sèche, on en retirait en moyenne 6 litres d'eau-de-vie à 60 degrés par 100 kilos de marc. Plusieurs entreprises ont même été établies en Saintonge pour ce genre d'industrie; mais cette eau-de-vie était tellement mauvaise que son écoulement devenait très-difficile, et comme tous les essais de rectification tentés avaient été infructueux, ces quantités considérables d'alcool retrouvées dans les marcs restaient, pour ainsi dire, sans valeur et comme inutiles à la consommation.

« A quelles causes faut-il attribuer des pertes d'une aussi grande importance ?

« Ce n'est certes pas au manque d'énergie des pressoirs, car des expériences qui sont bien connues démontrent que le marc de raisin blanc traité à la manière des pulpes de betteraves dans les sucreries, bien que finissant par sortir pour ainsi dire sec de la presse, retient encore de très-importantes quantités de glucose. N'y aurait-il pas là quelque effet de dialyse qui fixerait de la glucose contre les parois mêmes des cellules ? Sous ce rapport vous êtes plus autorisé que moi pour répondre ; mais quoi qu'il en soit, le fait existe et frappa l'attention de M. Petit qui, d'abord employé dans les distilleries du Nord, était venu en Saintonge comme contre-maître d'une distillerie d'eau-de-vie de marc ; mais bientôt, au lieu de continuer ses essais sur la désinfection de ces eaux-de-vie qui d'ailleurs ne l'eussent conduit qu'à produire des alcools sans arôme, il entra dans une nouvelle voie. Ayant en effet remarqué que c'était à l'altération rapide qu'éprouvaient les marcs après leur préparation, plus qu'aux marcs eux-mêmes, que les eaux-de-vie devaient leur mauvais goût, il conçut la pensée que si on extrayait immédiatement de la vendange toute la glucose et les matières vineuses que contiennent les marcs, on arriverait à remplacer la mauvaise eau-de-vie que l'on en tirait par une égale quantité d'eau-de-vie fine dont le *quantum* s'ajouterait à celle que l'on produisait déjà.

« Telle est l'origine du procédé dont MM. Petit et Robert, sont les inventeurs et que je vais décrire :

« Pour retirer du marc avant la fermentation tout l'alcool qui avant lui était presque perdu, M. Petit imagina de soumettre la vendange fraîche à un lavage qui entraînerait toute la partie sucrée du raisin. Le principe sur lequel il s'appuya fut que l'eau mise en présence de la vendange écrasée, agit non-seulement sur la glucose en liberté, mais surtout sur la glucose encore enfermée dans les cellules du grain, par voie d'endosmose, ainsi que sur celle qui, en si grande quantité et sous forme quasi solide, reste adhérente au parenchyme du grain, si bien que d'une part elle fait gonfler et éclater les cellules que le foulage n'a pas ouvertes, pendant que de l'autre elle dissout la plus grande partie du sucre adhérent au parenchyme, en sorte que, sous son influence, toute ou presque toute la glucose avant lui retenue par le marc, s'écoule aujourd'hui sous forme de vin.

« Le principe trouvé, il fallut chercher à l'appliquer. Le matériel qu'ont imaginé MM. Petit et Robert est assez simple. Outre le moulin à écraser la vendange employé également dans l'ancien système, et un réservoir d'eau de 8 à 10 hectolitres environ, il se compose de cuviers plus ou moins nombreux selon l'importance de la récolte, communiquant l'un avec l'autre par un tuyau qui va du fond du premier au sommet du second, et ainsi de suite jusqu'au dernier qui revient communiquer avec le premier. Au fond de chaque cuvier et pour faciliter l'écoulement des liquides, on place un faux fond formé de lattes entre-croisées, et muni d'une tige en fer qui sert, au moyen d'un petit treuil, à enlever d'un seul coup la charge de marc épuisé. Chaque cuvier est également muni d'un tampon ou d'un robinet, par lequel on laisse écouler l'eau lorsqu'elle est saturée. Avec un appareil à trois cuviers (c'est le nombre qui a été employé à Plassac), il faut pour que l'eau arrive à saturation qu'elle reste environ deux heures sur chacun, et que chaque cuvier avant d'être vidé soit lavé par trois eaux successives. Voici comment se fait l'opération : supposons la macération commencée déjà depuis six heures, et par conséquent parfaitement en train. Dans le premier cuvier, nous aurons la vendange la plus ancienne et dans le dernier la plus nouvelle ; la liqueur actuellement en macération dans le cuvier n° 3, ayant séjourné deux heures dans chacun des trois cuviers est saturée de glucose et des autres éléments vineux ; il n'y a plus qu'à ouvrir le robinet et à l'envoyer au tonneau. Alors, au moyen d'une petite pompe, on fait passer le liquide du n° 2 sur le n° 3, et celui du n° 1 sur le n° 2, puis on décharge le premier cuvier, dont on envoie le marc au pressoir, et on le recharge avec de la vendange nouvelle. On verse alors de l'eau sur le second cuvier, qui est maintenant le plus ancien. Cette eau par sa pression agit alors, par déplacement, d'abord sur le cuvier n° 2, puis sur le cuvier n° 3 et enfin sur le cuvier n° 4, l'ancien n° 1, dont le liquide va aux tonneaux. Le n° 2 est alors déchargé, puis pressé et simultanément rechargé, et l'opération continue ainsi tant qu'il y a de la vendange.

« La quantité d'eau à mettre sur la vendange est du dixième environ de la récolte, d'après MM. Petit et Robert ; mais, en réalité, nous en avons mis un huitième. Dans ce nouveau système, les pressoirs ne sont plus qu'un accessoire d'une importance très-limitée, car, au lieu d'y laisser le marc pendant vingt-quatre heures, de le recouper au moins une fois et de lui faire subir plusieurs pressions très-énergiques, comme il est nécessaire par l'ancien procédé, une simple pression suffit, et on peut le jeter au bout d'une heure. Quant au liquide de pressurage, il n'est pas considéré comme on pourrait le croire, comme jus faible devant retourner aux macérateurs, mais bien comme moût de vin. Sa densité n'est en effet, que du quart, inférieure à celle du vin de goutte. Mieux que tous les raisonnements, ceci prouve combien un affaiblissement dans la densité contribue à briser les cellules qui résistent cependant aux pressions les plus énergiques, et à faciliter la dissolution de la glucose adhérente.

« Tel est l'exposé de la marche de l'outillage de MM. Petit et Robert. Dans la pratique nous lui avons cependant trouvé plusieurs inconvénients auxquels il sera du reste facile de remédier.

« Le premier c'est l'insuffisance de la force des faux fonds placés dans chaque cuvier, et qui sont destinés à enlever après la macération la charge de marc épuisé. Se fait-il alors un vide qui viendrait augmenter la résistance jusqu'à la rendre souvent insurmontable? Nous avons lieu de le croire et MM. Petit et Robert pensent qu'il suffira, en effet, pour obvier à cet inconvénient de percer une ouverture au fond du cuvier. Nous désirerions aussi qu'ils cherchassent un moyen plus prompt pour porter le marc des cuviers aux pressoirs.

« Le passage du liquide d'un cuvier dans un autre par l'effet seul du déplacement est aussi trop lent, et nous avons toujours été obligés de l'activer au moyen de la petite pompe aspirante qui fait partie de l'appareil et s'adapte à tous les tuyaux.

« En somme il est assez facile de remédier à tout cela;

du reste MM. Petit et Robert s'en occupent activement et avec quelques changements on pourra arriver, nous l'espérons, à obtenir une grande économie de temps et une simplification du travail.

« Toutes les vignes de Plassac ont été vendangées d'après le système de macération de MM. Petit et Robert, excepté une vigne de 6ʰ,68 qui a été réservée pour servir de champ d'expériences. Cette vigne a produit 244 hectolitres de vin, dont 216 ont été vendangés à l'ancien système et mis dans un tonneau de cette contenance. Les 28 hectolitres qui restaient ont été vendangés d'après le nouveau système de macération et mis en tierçons. Tous ces vins ont été entonnés à part et chaque fût a porté la mention de son contenu, de manière à ne nous laisser aucun doute le jour où nous les livrerions à la chaudière. Je ne dois pas omettre de dire que pour nous rendre compte de la force des vins que produisait la macération, comparativement à celle du vin de goutte, nous ne laissions jamais ouvrir le robinet pour envoyer aux tonneaux le vin de macération sans le soumettre à l'aréomètre Baumé. Ces expériences nous ont donné une moyenne de 8 degrés 1/2 pour les vins de goutte, de 7 degrés 1/2 à 7 degrés 3/4 pour les vins de macération, et de 6 degrés 1/2 pour les vins sortant du pressoir après la macération. Nous avons remarqué aussi que le vin de macération est beaucoup plus clair que le vin de goutte et beaucoup plus agréable au goût.

« En somme 1,057 hectolitres de vin ont été vendangés au système Petit et Robert, et sur cette quantité on a ajouté 114ʰ,20 d'eau. Ce qui fait, en moyenne, un litre d'eau pour 8ˡ,25 de vin.

« Le résultat de la distillation de nos vins de macération était attendu dans le pays avec une curieuse impatience, et nous-mêmes nous n'avions pas une foi assez robuste pour nous prononcer sur le système Petit et Robert avant cette épreuve décisive, et nous ressentions quelque émotion au moment qui allait ou justifier notre confiance, ou nous faire taxer d'innovateurs imprudents. On croira donc aisément que nous n'avons négligé aucune des précautions, aucune des observations qui peuvent garantir la parfaite exactitude d'une expérience aussi importante. Le maître de chais chargé de la distillation reçut l'ordre de ne jamais charger la chaudière qu'en inscrivant la provenance du vin, de mesurer après chaque chauffe la quantité d'eau-de-vie recueillie, de constater son degré à l'alcoolomètre Tessa, et de consigner ces renseignements sur un registre. Notre présence presque continuelle, dans les premiers temps surtout, a assuré la stricte exécution de ces précautions qui nous ont permis de recueillir heure par heure, pour ainsi dire, les faits intéressants qui venaient à se produire. Ces faits, les voici :

« On distilla d'abord les vins traités au procédé de la macération, vins de goutte et vins de macération, mélangés ou séparés. Les rendements différaient assez sensiblement, mais nous n'observions pas les causes de ces différences; nous avions une distillerie nouvelle avec laquelle il fallait que notre brûleur fît connaissance, et toute notre attention se portait sur les qualités que révélait la nouvelle chaudière, sur le fonctionnement du fourneau, de la pipe, du réchauffe-vin, etc. Ce n'est qu'après dix jours de ce laisser aller, pendant lequel le maître de chais constatait bien par écrit le rendement exact, le degré de chaque chauffe, mais non la provenance du vin et les quantités d'eau mélangées, que nous avons attaqué le lot de vins étiqueté et réservé pour notre expérience. Voici en somme le résultat de cette épreuve :

« Un grand tonneau de vin récolté suivant la méthode ordinaire du pays et renfermant 216 hectolitres, fut distillé en 48 chauffes successives et donna comme rendement 29^h,59 d'eau-de-vie à 7 degrés 05 de l'alcoolomètre Tessa, ce qui fait 7^l,26 de vin par litre d'eau-de-vie ou 13,77 pour cent.

« 28^h,50 de vin provenant de la même vigne que celui ci-dessus, mais traités par le procédé de macération de MM. Petit et Robert, et contenant, par conséquent, près d'un huitième d'eau, furent ensuite distillés, et donnèrent 4^h,11 d'eau-de-vie à 7 1/8 degrés de l'alcoolomètre Tessa : c'est un rendement de 1 litre d'eau-de-vie par 6^l,93 de vin, ce qui fait 14,39 pour 100. Mais si on tient compte de ce que le vin, préparé par le procédé Petit et Robert, contient environ 11 pour 100 d'eau, on arrive à conclure que, pendant que 100 de vendange traités par l'ancien procédé ont rendu 13,77, le même poids de vendange, traité par le procédé Petit et Robert, a rendu 16,17, ce qui fait une différence de 17 pour 100 en faveur du nouveau procédé.

« Quant au rendement général de la récolte, voici ce qu'il a été : 1,057 hectolitres de vin de macération, ayant reçu 114 hectolitres d'eau, ont produit 133 hectolitres d'eau-de-vie ; c'est un rendement de 1 litre d'eau-de-vie par 7',93 de vin, c'est-à-dire 14,10 pour 100, déduction faite de l'eau, tandis que les vins récoltés par l'ancien procédé n'ont donné que 13,70 pour 100.

« Ce résultat, loin d'infirmer la première expérience, en donnant une moindre différence en faveur du procédé de la macération, la confirme au contraire ; car la vendange provenant de toutes les jeunes vignes du domaine a été traitée tout entière par le procédé de MM. Petit et Robert, tandis que les 215 hectolitres de vin traités par le procédé ancien, provenaient des plus vieilles et des meilleures vignes.

« Le degré a toujours été à peu près le même dans toutes les expériences, il est resté dans la moyenne de 7 1/2 à 7 3/4 Tessa.

« Quant à la qualité, des dégustateurs expérimentés ont trouvé les eaux-de-vie produites par les vins de macération aussi fines, et peut-être plus douces que les autres ; ce qui n'a rien d'étonnant, car c'est la rafle fermentée qui donne au moût ce goût âcre qui se retrouve si prononcé dans les eaux-de-vie de marc, et le moût de macération, ne restant en contact avec cette rafle que fort peu de temps, ne peut donner que de l'eau-de-vie plus fine que celle qui provient d'un moût qui est resté souvent mêlé au marc pendant plus de vingt-quatre heures.

« Si nous recherchons maintenant comment se sont comportées les diverses sortes de vins à la distillation, dans notre première expérience, voici ce que nous trouvons. Il y avait :

« 10ʰ,50 de vin de macération pur.

« 4ʰ,50 de vin de macération et de vin de goutte (moitié de l'un, moitié de l'autre).

« 15ʰ,50 de vin de goutte.

« Les 10ʰ,50 de vin de macération pur ont donné 119 litres d'eau-de-vie à 6 degrés Tessa, et il a fallu 8ˡ,40 de vin pour 1 litre d'eau-de-vie.

« Les 4ʰ,50, moitié vin de macération, moitié vin de goutte, ont donné 70 litres d'eau-de-vie à 8 degrés Tessa. C'est un rendement de 6ˡ,42 pour 1 litre d'eau-de-vie.

« Les 13ʰ,50 de vin de goutte ont donné 208 litres d'eau-de-vie à 8 degrés et 7 3/4 degrés Tessa. C'est un rendement de 6ˡ,49 pour 1 litre d'eau-de-vie.

« Pour avoir la totalité de l'eau-de-vie à extraire du lot mis de côté, on a calculé que 50 litres de vin restant, et que l'on dut mélanger à une autre chauffe, eussent donné 14 litres d'eau-de-vie ; ce qui fait le total indiqué ci-dessus de 411 litres.

« Un fait très-remarquable et inexplicable ressort de ces expériences.

« Une chauffe de 4ʰ,50, moitié vin de macération, moitié vin de goutte, a donné 70 litres d'eau-de-vie à 8 degrés, un rendement à 6,42 ; c'est-à-dire un rendement supérieur et un degré supérieur aux trois chauffes suivantes, composées de vin de goutte pur provenant des mêmes charretées de vendange, lesquelles chauffés de 4ʰ,50 ont été de 70 litres à 8 degrés, 68 litres à 7 3/4 degrés, et 70 litres à 8 degrés. Ce qui constitue un rendement à 6,49 et un degré un peu inférieur à 8.

« Le même fait s'est reproduit lorsqu'on a dû faire, en commençant le grand tonneau, une chauffe contenant un quart de vin de macération. Cette chauffe a donné un rendement que toutes les chauffes successives de vin pur n'ont pu atteindre : 70 litres à 7 3/4 degrés ; tandis que sur 47 de vin pur, une seule a atteint 68, et aucune autre n'a dépassé 64.

« Ce fait est d'autant plus étrange que, par une distraction dont nous avions tenu note, mais à laquelle nous n'avions pu remédier au moment même, tenant à conserver, comme point de comparaison, les vins macérés et non macérés d'une même vigne, les 2ʰ,25 de vin de macération, ajoutés aux 2ʰ,25 de vin de goutte dans la première chauffe dont je parle, et le quart mélangé dans le second cas indiqué, avaient reçu, non pas la quantité prescrite d'eau, mais plus d'un tiers.

« A quelles causes attribuer des résultats aussi extraordinaires ? Faut-il croire, comme on l'a dit, que, plus les moûts de raisin sont riches en sucre, moins ils en convertissent en esprit, que « *si un moût a 20 degrés de* « *sucre, il garde en vin blanc les trois quarts de sa matière* « *sucrée, un quart à peine se transforme en acide carbo-* « *nique et en alcool. Un moût à 13 degrés garde près de la* « *moitié de son sucre, et un moût à 6 degrés n'en garde*

« pas du tout : tout son sucre est converti en esprit dans la
« première fermentation. »

« La certitude d'une pareille théorie serait pour les deux Charentes d'une immense importance, car ces moûts, qui marquent en général de 8 à 10 degrés, se trouveraient, en ne convertissant en alcool que les deux tiers environs du sucre qu'ils contiennent, causer une perte immense au producteur.

« Sans oser rien affirmer pour mon compte, je souhaite vivement que l'expérience vienne confirmer la réalité de ce phénomène.

« Recevez, etc.

« AYMAR DE DAMPIERRE. »

Le peu de vin rouge qui se faisait autrefois à Plassac était réservé pour les besoins de la ferme, il était détestable ; et on n'avait jamais songé qu'il pût arriver, avec quelques soins, à faire un vin d'ordinaire passable. En étudiant de près le sol qui portait mes vignes, les divers cépages dont elles étaient plantées, j'en vins peu à peu à croire que la mauvaise qualité de notre vin ne venait que des mauvais procédés de la fabrication. En effet, les raisins étaient purement et simplement écrasés, jetés avec toutes leurs rafles dans des cuves mal soignées, où le vin restait indéfiniment, sans recevoir aucune manipulation, et lorsqu'on le mettait enfin en barrique, on ne portait aucun soin au choix des futailles.

Sans rien changer à la culture des vignes, je modifiai

profondément les procédés de vinification. Je fis faire une table à égrenage, sur le modèle de celles du Médoc ; je ne mis plus les rafles des raisins dans les cuves ; la cuvaison fut soigneusement surveillée ; j'essayai même, selon la méthode de la Bourgogne, le mélange, plusieurs fois répété, des bourses et du moût, en faisant descendre des hommes dans les cuves, et en vue d'augmenter la coloration du vin ; le vin fut mis dans des barriques neuves, ou n'ayant renfermé que des vins de qualité. — Moyennant ces seules précautions, mes produits furent transformés, et depuis sept ans ce sont les seuls vins d'ordinaire qui paraissent sur ma table. Jusque-là ils en avaient été toujours proscrits.

Ces vins sont très-buvables à *deux* ans, très-bons à *trois* ans ; légers et suffisamment liquoreux, ils constituent d'excellents vins de commerce.

Ce succès m'a encouragé à planter une assez grande quantité de vignes rouges : leur contenance a été portée de 2 hectares 85 ares à 9 hectares 19 ares.

Je n'ai pas voulu m'en tenir aux seuls cépages en usage dans le pays, aux grossières méthodes de culture que l'on applique indifféremment, en Saintonge, aux vins de chaudière et aux vins de table ; et la taille courte, aussi en usage, m'a semblé si peu rationnelle pour les cépages rouges, que mes plantations nouvelles ont été faites en vue d'imiter ce qui se pratique dans les contrées vinicoles qui produisent de bons vins rouges.

Deux vignes dans mes plantations m'inspirent un intérêt particulier : l'une, de 2 hectares, est conduite d'après le système de M. le docteur *Guyot* ; l'autre, de 4 hectares, me sert de champ d'expérience des diverses sortes de cépages du Médoc, de Bourgogne, plantés à côté des cépages en usage dans le pays, et d'autres du bas Languedoc ou de l'Entre-Deux-Mers.

La vigne que j'ai consacrée au système du docteur *Guyot* était déjà plantée depuis quatre ans lorsque j'ai résolu de la palisser sur fils de fer, de sorte que l'espacement n'est pas parfaitement ce qu'il devrait être. Les résultats n'en ont pas moins été excellents. La première année, je me contentai de palisser, de soumettre à la taille du docteur *Guyot*, deux rangs seulement de ma vigne ; tous les autres furent traités sans aucun appui et avec la taille courte en usage dans le pays, quel que soit la nature du cépage. Le jour des vendanges venu, les deux rangs palissés étaient couverts de raisins ; les autres avaient poussé des bois magnifiques, mais n'avaient presque pas de fruit. Je fis recueillir à part les raisins des deux rangs palissés et ceux des deux rangs non palissés qui étaient immédiatement à côté : les premiers donnèrent *sept* fois la récolte des seconds. — Je n'hésitai pas, dès l'année suivante, à faire établir sur fil de fer les 2 hectares en entier, et aujourd'hui, je n'ai qu'à m'en applaudir vivement. La récolte de 1864 y a été magnifique.

Lorsque j'ai planté, il y a trois ans, la vigne de Fonreau qui me sert de champ d'expérience pour les cépages rouges, j'avais compté lui appliquer la taille du docteur *Guyot* ; mais la présence à Plassac d'un vigneron entendu que j'ai fait venir du Blayais, ses instances, m'ont déterminé à lui laisser appliquer à cette jeune vigne la méthode en usage dans le Médoc, le palissage sur deux branches, qui diffère essentiellement de celle du docteur *Guyot*, et qui est, assurément, infiniment moins simple.

Les cépages que j'ai réunis dans cette vigne sont :

    Le *Clercy*, du pays.
    L'*Araumont*, du bas Languedoc.
    La *Folle noire*, de l'Entre-Deux-Mers.
    Le *Malbec*, } du Médoc.
    Le *Cabernet Sauvignon*, }
    Le *Franc pinot*, } de Bourgogne.
    Le *Gamay picard*, }

Je ne puis encore noter que des différences très-sensibles dans la manière dont poussent ces divers cépages dans un sol bien exposé, de bonne qualité, mais si peu profond que les roches paraissent à la surface en maints endroits ; plus tard, la fructification de ma vigne, les différences qu'il faudra sans doute apporter dans la taille de tel ou tel cépage, me préparent d'utiles et intéressantes observations à faire, un champ d'étude dont je me promets un extrême plaisir et que j'étendrai probablement aux autres espèces que je pourrais croire utile d'acclimater en Saintonge.

Mon but serait d'arriver à faire des vins d'ordinaire de très-bonne qualité, du prix, peut-être, de 5 à 600 francs le tonneau : je ne prétends pas au delà, ainsi que pourrait le faire croire l'essai de cépages très-fins, comme le *franc Pinot* de Bourgogne et le *cabernet sauvignon* du Médoc. Mais, tout en gardant une mesure fort modeste dans mes prétentions, il ne m'est pas défendu d'examiner le degré d'affinité de nos sols avec des espèces peu productives, il est vrai, mais qui donnent au vin un goût exquis, et qu'il serait peut-être possible de mélanger dans une certaine proportion avec des cépages d'un ordre moins élevé.

J'ai dit que les fourrages verts et les racines destinés à la nourriture de mes nombreux animaux occupaient dans une très-large proportion mes terres labourables. De là l'impossibilité d'une rotation régulière des récoltes, l'absence d'un assolement régulier. J'ai des fumiers en abondance; je puis restituer aux terres les forces qu'une sage modération dans la culture des plantes épuisantes ménage plus économiquement dans ce que l'on nomme un assolement bien ordonné; c'est à ce prix seulement que je puis justifier la prétention d'augmenter tous les ans la fertilité de ma terre, de lui laisser après chaque récolte comme une part de cette provision de vieille force qui constitue la solide fertilité d'une terre. — Il est vrai que je prends soin encore de ne pas abuser des récoltes de céréales, ce n'est qu'à mon corps défendant que je ramène quelquefois un blé tous les trois ans sur une même terre; je cède alors aux exigences de ma culture de racines ou de fourrages verts, auxquels le nombre de mes animaux donne une souveraine importance.

Terres labourables.

— 54 —

L'état où le Jury trouvera mes terres labourables, quant aux produits divers qui les occupent, est l'état habituel de ma culture. Voici le relevé de mes pièces et la manière dont elles sont emblavées cette année :

Blé...	{ Le Plantier.......... 2ʰ 78ᵃ 50ᶜ { Les Huit Journ. (parc).. 2ʰ 60ᵃ 00ᶜ	}	5ʰ 38ᵃ 50ᶜ
Avoines...	{ Vignes Saint-Louis..... 1ʰ 00ᵃ 00ᶜ { Pièce de la Croix..... 0ʰ 82ᵃ 00ᶜ { Pièce du Vivier...... 1ʰ 81ᵃ 50ᶜ { Pièce Charmille Fonreau. 4ʰ 05ᵃ 80ᶜ { Renfermis......... 1ʰ 94ᵃ 20ᶜ	}	9ʰ 63ᵃ 50ᶜ
Plantes sar- clées...	{ Pièce Gilardin....... 0ʰ 75ᵃ 00ᶜ { Lambineries........ 4ʰ 29ᵃ 00ᶜ { Deneffe........... 0ʰ 24ᵃ 75ᶜ { Préasse........... 3ʰ 47ᵃ 30ᶜ { 11 Journaux........ 4ʰ 00ᵃ 00ᶜ { Bas de Fonreau...... 0ʰ 64ᵃ 95ᶜ	}	13ʰ 41ᵃ 00ᶜ
Fourrages verts...	{ Bassin Fonreau...... 9ʰ 02ᵃ 58ᶜ { Pièces Jouailles...... 0ʰ 79ᵃ 90ᶜ	}	9ʰ 82ᵃ 48ᶜ
Luzerne...	{ Pièce Four à chaux... 4ʰ 80ᵃ 70ᶜ { Vivier............ 1ʰ 81ᵃ 50ᶜ	}	6ʰ 62ᵃ 20ᶜ
Trèfle et sainfoin...	{ Charmille Fonreau.... 4ʰ 05ᵃ 80ᶜ { Renfermis......... 1ʰ 94ᵃ 20ᶜ { Près la Tourette...... 0ʰ 66ᵃ 70ᶜ { Du Bassin......... 3ʰ 50ᵃ 00ᶜ	}	10ʰ 16ᵃ 70ᶜ

Donc : 15 hectares de céréales ; 26 hectares 61 ares de fourrages artificiels ; 13 hectares 44 ares de plantes sarclées. Mais il faut remarquer que 8 hectares 63 ares 50 centiares font double emploi ; car, occupés par de jeunes fourrages artificiels semés dans une avoine, ils sont mis au compte de l'avoine et au compte des fourrages artificiels, en même temps.

Nos récoltes de blé sont en général excellentes. Le grain est semé au semoir, après des hersages répétés ; le sol est à plat. J'ai cultivé longtemps des blés tendres du Midi ; et le blé de Nérac s'est montré dans mes terres d'une fertilité très-grande. Néanmoins, il y a quinze ans, je cultivais en même temps le blé écossais, *Hickling*, dont la paille roide et résistante me donnait toute satisfaction ; car la proximité où nous sommes de l'Océan, les vents de mer d'une violence extrême qui couchent quelquefois nos récoltes, nous font attacher une extrême importance à la solidité de la paille.

Dans ces dernières années, j'ai voulu faire de sérieuses expériences de blé anglais, en même temps que de nos blés français les plus renommés. J'ai fait venir de chez M. *Piednue* de très-beau *Victoria*, le *Red chaff pearl*, le *Chidham*, l'*Hickling*, et, d'ailleurs, des blés de *Noé*, de la plaine et des coteaux de la Garonne. Le tout a été semé séparément et bien étiqueté.

La première année, les blés anglais, qui, plus tardifs à pousser, avaient vigoureusement pris le dessus au printemps, néanmoins, me donnèrent tous un grain détestable. Comparés aux échantillons de la semence que j'avais fait conserver avec soin, on n'eût jamais pu croire que l'on avait sous les yeux les mêmes espèces. — L'année même j'avais vu se produire le même effet à Grignon, où

M. *Bella* déplorait amèrement d'avoir emblavé toutes ses terres avec des blés anglais.

Le blé de *Noé*, superbe en paille, ne renfermait dans ses longs et beaux épis qu'un grain atrophié et léger.

Les blés du *Midi* s'étaient bien comportés.

Il me vint à la pensée que ces blés du Nord qui me donnaient une récolte si détestable avaient besoin de s'acclimater pour être jugés à leur valeur; je recommençai mon expérience l'année suivante, gardant de nouveaux échantillons de chaque semence, le résultat fut tout autre. Le grain se montra supérieur à la semence jetée en terre, quoique inférieur encore à celle qui me venait d'Angleterre et du nord de la France. — J'élaguai alors plusieurs blés et ne conservai que le *Victoria*, l'*Hickling*, le blé de *Noé*, et un blé des *coteaux de Marmande* à rendement excellent et à paille très-abondante. — De nouveaux essais, enfin, m'ont fait, l'année dernière, m'en tenir au *Victoria* et au blé des *coteaux de Marmande*, et ma récolte ne s'en est pas mal trouvée, car nous avons obtenu un rendement moyen de 33 hectolitres à l'hectare; 187 hectolitres ont été récoltés dans 5 hectares 66 ares; et un champ de 92 ares 12 centiares, emblavé en blé *Victoria*, a donné 43 hectolitres de froment.

Avoine. Nous semons en général des *avoines* de printemps, parce qu'il nous est très-commode de mettre cette récolte sur les jeunes *luzernes*, les *sainfoins* et les *trèfles* que nous faisons. Je recommande toujours de semer clair, et je tiens peu à l'abondance de la récolte de *l'avoine*, qui doit être en partie sacrifiée à la bonne venue du fourrage artificiel qu'elle est destinée à garantir au printemps des coups de soleil que nous redoutons pour eux, et qui risquerait de les étouffer si elle prenait un trop grand développement.

Nos fourrages verts les plus précoces sont le *trèfle incarnat*, puis les *pâtures*, les *vesces* d'automne, qui précèdent les premières coupes du *sainfoin* et de la *luzerne*. Nous attendons avec une vive impatience pour nos jeunes agneaux, nos élèves d'*Ayr*, ces premiers fourrages qui les rafraîchissent et leur donnent en quelques semaines un aspect de santé remarquable; nous voudrions pouvoir combler, en hâtant la précocité de ces fourrages, la lacune qui existe forcément entre eux et les *choux branchus du Poitou* et le *choux cavalier*, que nous cultivons simultanément, et qui sont les dernières verdures que nous lègue l'année précédente. *Fourrages verts.*

Un peu plus tard, les *maïs* fourrages, que nous semons en grande quantité, et à quinze jours d'intervalle les uns des autres, nous rendent les plus grands services.

Nous n'avons jamais guère moins de 7 hectares de *luzerne*; elles sont toutes à Plassac, les terres rocheuses de Fonreau ne leur convenant nullement, malheureusement. C'est à Fonreau que nous mettons des *trèfles*, et surtout des *sainfoins* qui y viennent à merveille. *Prairies artificielles.*

La *luzerne*, à Plassac, donne au moins trois coupes ; elle reçoit tous les ans un vigoureux hersage, au moyen d'une herse à couteaux fort bien disposée. La cuscute menace sans cesse d'envahir nos luzernières, et nous avons dû enlever, l'année dernière, dans une jeune et belle luzerne de deux ans, toute trace de cette horrible plante en plus de cinquante endroits, après quoi nous avons brûlé de la paille à chaque place, dans l'espoir de tuer les racines de la plante. Cette opération s'est faite en octobre; la cuscute n'a plus reparu de tout l'automne, je ne sais s'il en restera quelques traces au printemps. Nous la poursuivrons alors vigoureusement par ce moyen, que je crois être le seul efficace.

Plantes sarclées. Voici une de nos récoltes les plus soignées, celle qui pour nos animaux est de la plus grande importance et qui nous donne des résultats très-satisfaisants : les *betteraves*, les *carottes*, les *pommes de terre*, les *turneps*, le *chou branchu de Poitou*, se partagent les 13 hectares 41 ares qui, cette année, sont affectés aux plantes sarclées. Cette contenance, qui varie un peu tous les ans, en plus ou en moins, est cependant toujours identique, et ne saurait être diminuée avec la quantité d'animaux que nous entretenons. Les *betteraves* reçoivent des soins très-particuliers, et nous en obtenons un rendement très-satisfaisant. Il a été en 1863 de 46,000 kilos à l'hectare, et en 1864 de 70,000 kilos, ce qui est remarquable, si l'on veut bien se souvenir de la sécheresse persévérante de l'été dernier. La réussite des betteraves a tenu à ce qu'elles ont été semées de très-bonne heure, et à ce qu'elles étaient déjà fortes lorsque les chaleurs sont venues. Je n'en ai pas vu dans le Nord d'aussi belles, l'année dernière, que celles qui occupaient le champ dit *des Huit-Journaux*, dans le parc, qui est, cette année, emblavé en blé, auquel nos lièvres ont malheureusement fait un tort considérable.

Toutes nos betteraves étaient autrefois conservées en silos ou en caves, et elles étaient consommées crues par les animaux; depuis trois ans j'ai, pour une grande partie, et pour la nourriture de la seconde portion de l'hiver, adopté une méthode de fermentation qui est employée avec succès dans le Nord par un agriculteur distingué. Elle m'a également bien réussi, et je trouve dans ce procédé, d'abord la certitude de ne rien perdre de mes betteraves, qui, une fois le mois de février ou de mars venus, se gâtaient en partie et me laissaient dans une pénurie extrême au moment où la privation de toute nourriture verte m'eût rendu cette ressource plus précieuse que jamais. — Je crois, en second lieu, que rien n'est plus sain que cette nourriture fermentée que les animaux mangent avec un plaisir extrême.

Lorsque, d'après les seules indications du *Journal d'Agriculture pratique*, j'essayai sur une très-petite échelle, il y a quatre ans, ce procédé, qui dans des pays privés comme le nôtre de sucrerie et de distillerie de betteraves, — quoi qu'en dise M. Leplay, — me paraissait pouvoir remplacer la pulpe, et avoir même sur elle l'avantage de la conservation de toute la richesse alcoolique de la betterave, je fis faire un silos, partie dans le roc, partie en terre, pouvant contenir 500 kilogrammes à peine de *betterave.* Selon les prescriptions que je lus, je fis couper par le coupe-racine cette quantité de racines, je mêlai un dixième du poids en paille hachée, et j'enterrai le tout, en prenant soin d'isoler un peu mon mélange de la terre par une légère couche de paille. J'abandonnai ainsi pendant trois mois mon silos sans y regarder. Ce terme écoulé, je le fis ouvrir, et à peine le mélange de betteraves et de paille, qui s'était fortement tassé et que la fermentation avait noirci, fut-il à découvert, qu'une forte et agréable odeur alcoolique me saisit l'odorat. Je m'empressai de porter ce mélange à plusieurs vaches : toutes le mangèrent avec plaisir, et le contenu de mon petit silos fut dévoré. — C'était un enseignement dont j'ai profité les années suivantes, et j'ai continué à faire en grand ce qui m'avait réussi en petit. L'installation d'un arbre de couche mû par le manége *Pinet*, et qui donne le mouvement à un fort hache-paille, au dépulpeur de *Bentall* et à un coupe-racines, les *balles* et les basses pailles que j'ajoute à la paille hachée ; la proximité du silos que j'ai fait établir l'année dernière le long du hangar sous lequel se fait la préparation de mes betteraves, sont venus peu à peu donner de nouvelles facilités à cette opération, qui, je le répète, me donne pour ma vacherie, une nourriture précieuse, au moment où tout, sauf les fourrages secs, vient à me manquer.

Les *carottes*, les *pommes de terre*, les *turneps* occupent une bonne moitié de la sole des plantes sarclées ; je n'ai rien à dire de particulier sur leur culture ; mais je dois mentionner, d'une manière toute particulière, le bon succès dans nos terrains du *chou branchu de Poitou* et du *chou cavalier*, et les services que me rendent ces excellents légumes. Ils supportent parfaitement les froids de l'hiver, pourvu que la neige ne vienne pas s'ajouter à un fort abaissement de la température. Il y a cinq ou six ans, mes pauvres choux gelèrent dans ces conditions exceptionnelles; je demandai à M. *Vilmorin* une espèce plus rustique que celle que nous avions, il me conseilla un chou frisé qui poussa fort bien, mais qui ne donna pas à beaucoup près autant de fourrage que nos espèces anciennes, auxquelles je dus revenir, et qui depuis ont parfaitement résisté tous les ans et donnent leurs feuilles jusqu'au mois de mars.

Les vaches, les moutons, les porcs prennent également leur part de cette nourriture que mon exemple fait, après une pratique de quinze années consécutives, adopter enfin un peu dans le pays, comme on y a adopté aussi, à la longue, la semence de la *luzerne*, qu'on était fort convaincu de ne pas voir réussir dans nos terres.

Prairies. Une bonne partie des prairies que nous possédons et qui sont situées à Fonreau étaient humides, tourbeuses, et ne donnaient qu'un foin aigre et un pacage de très-médiocre qualité. Je les ai améliorées au moyen d'une opération singulière que j'avais vu pratiquer ailleurs avec succès; que la proximité d'une carrière de pierres me permettait d'employer, et qui m'a réussi à merveille: mes prairies ont reçu une couche de 30 centimètres environ de gros moellons, c'est à peine si on a jeté un peu de terre dessus pour niveler le sol ; on y a transporté tous les détritus de la ferme, les balayures du sol et des granges, et cela a suffi pour transformer un détestable marais en une excellente prairie.

Fumiers. Je n'emploie pas d'amendements à Plassac ; le fumier d'étable seul, et à fortes doses, suffit dans des terres qui auraient du calcaire en excès, peut-être, et auxquelles le fumier convient mieux que tous les engrais artificiels possibles.

J'évalue à 95 grosses têtes le bétail qui me fournit mon fumier, savoir :

    60 Bêtes à cornes de tous âges.
    6 Chevaux de ferme.
    17 pour 120 moutons.
    5 pour ma porcherie.
    7 pour mes chevaux de luxe.

J'ai pendant sept mois de l'année 10 chevaux pour mon service personnel, ce qui, avec les chevaux des visiteurs, peut bien me permettre d'évaluer à 7 têtes pendant douze mois.

Le trou à fumier de Fonreau reçoit le fumier sur une plate-forme entourée d'une rigole qui ramène tous les purins qui s'en écoulent dans une fosse où une pompe en bois les prend pour les répandre à volonté sur le tas. — Un autre trou à purin reçoit tout ce qui s'écoule directement de la vacherie. — Le trou à fumier de Plassac, au contraire, disposé en pente douce va en s'approfondissant jusqu'à près de

2 mètres, de manière à ce que les charrettes puissent charger avec facilité. La fosse à purin est, aussi, pourvue d'une pompe en bois disposée de manière à pouvoir arroser le fumier et en même temps remplir les tonneaux à purin, que je fais quelquefois passer sur les *luzernes* immédiatement après les coupes.

La porcherie a une fosse à purin particulière, la distance qui la sépare des étables n'ayant pas permis de faire disposer les choses autrement.

Dans les bergeries et dans la bouverie, le sol en contrebas a reçu un béton de chaux hydraulique et de cailloutage, de manière à ce qu'il ne puisse absorber aucune parcelle du purin, qui reste ainsi tout entier pour imprégner les pailles sous les animaux.

Il n'existait pas de bâtiments de ferme à Plassac; quelques dépendances du château, bien incommodes, servaient à loger les six bœufs et les quelques vaches qui constituaient le seul cheptel de la propriété il y a quinze ans, et les gens employés à l'exploitation prenaient leurs repas avec les domestiques d'intérieur, dans le château même. — J'ai dû modifier profondément cet état de choses; j'ai séparé complètement de l'habitation tout ce qui concernait l'exploitation, et j'ai construit successivement un pavillon de ferme renfermant les cuisines, offices et logements des gens, une bouverie, des écuries et leurs dépendances, des greniers à grains et à fourrages, une bergerie, une porcherie, des lavoirs, une mare, des trous à fumier et des fosses à purin, et un grand hangar

Bâtiments.

pour abriter les charrettes, les instruments, et opérer la manipulation d'une partie de la nourriture de mon bétail et le fonctionnement d'un arbre de couche qui donne le mouvement à des instruments de toutes sortes, au moyen du manège *Pinet*.

J'ai pu combiner la construction de la bouverie, des écuries, des greniers et d'autres dépendances utiles à la ferme, avec celles que nécessitait l'habitation du château. Dans un grand bâtiment double en profondeur et qui sépare la cour d'honneur de la cour de ferme, j'ai affecté tout ce qui donne sur la cour de ferme à nos animaux de travail, et la partie nord au service du château.

Quant à la vacherie, je l'ai transportée à *Fonreau*, annexe de Plassac, situé à l'extrémité du parc. Ce lieu, entouré de prairies nombreuses, à portée d'une petite rivière, de jolis ombrages et d'une magnifique fontaine, procure aux animaux une tranquillité, une fraîcheur, un calme qu'ils n'eussent pas trouvés dans une cour de ferme sans cesse animée par les exigences d'un service bruyant. J'avais là une maison d'habitation fort inutile, des bâtiments nombreux qui avaient autrefois renfermé un haras. J'ai utilisé la maison d'habitation en y plaçant la vacherie, les caves sont devenues une excellente laiterie, et les *box*, les *paddok* de l'ancien haras me sont on ne peut plus précieux pour mes jeunes élèves. Les greniers contiennent mes provisions de fourrages, de racines, etc. — Tout est au large là, bien disposé, et comme il n'y a aucune construction nouvelle, la dépense de cette installation a été peu onéreuse.

10 Bœufs de race limousine.
2 Vaches confiées au vigneron.
6 Chevaux percherons.

Animaux de travail.

composent tous les attelages nécessaires à l'exploitation de la terre. *Huit* charrues peuvent être mises à la fois en mouvement ; c'est suffisant.

Les bœufs seuls et les vaches sont chargés des travaux des vignes ; les chevaux, des labours, des hersages, des transports des diverses denrées, etc. ; ils ont dû être exclus des vignes, à cause de la brutalité de leurs mouvements, d'une vivacité qui entraînait souvent une malheureuse impulsion ou à droite ou à gauche, d'où la rupture d'un pied de vigne, d'une pousse de l'année au moins, un dommage quelconque.

Le bœuf, au contraire, d'une patience et d'une adresse à toute épreuve, convient merveilleusement à la culture de la vigne ; on dirait qu'il a conscience du mal qu'il y pourrait faire, et sa tenue y est toujours irréprochable.

Nos bœufs sont attelés au joug, tantôt deux à deux, tantôt seuls. La herse de M. *Portal de Moux*, et les instruments de M. *Paris*, d'Aulnay, fonctionnent à merveille avec un seul bœuf dans les vignes ; la force de cet excellent animal y suffit largement, surtout si on ne lui demande que des demi-journées de travail, comme je le fais en général, et l'adresse, la rapidité de la marche du bœuf seul sont bien autres que lorsqu'il marche péniblement accouplé à son compagnon. La facilité avec laquelle le bœuf s'habitue à marcher seul semble être un indice du soulagement qu'il y trouve.

J'ai employé pour le bœuf seul le harnais et le joug indiqués par M. *Portal de Moux* et ceux de M. le baron *d'Augier*. — Je crois les premiers préférables, bien qu'ils laissent encore quelque chose à désirer ; mes bouviers se sont appliqués à les modifier eux-mêmes, et ils ont fini par en fabriquer qui les satisfont complétement.

Outillage. Il est difficile d'établir ici, d'une manière bien claire et surtout bien utile, en quoi consiste l'outillage de ma ferme ; une inspection de quelques instants en apprendra plus qu'une liste de mes instruments qui, pour être juste, devrait être raisonnée ; car nous ne leur reconnaissons à tous ni les mêmes perfections, ni le même degré d'utilité : souvent même, il faut l'avouer, un instrument qu'on avait cru devoir être fort utile, s'est trouvé médiocre et même mauvais. J'ai toujours marché, à cet égard, avec une extrême prudence et suis resté plutôt au-dessous qu'au-dessus de ce que je devais faire, les folies de quelques-uns de mes amis en achats d'instruments m'ayant donné une crainte peut-être exagérée de verser de ce côté, entraîné que j'y étais un peu d'ailleurs par mon goût pour les beaux et bons instruments modernes.

Mes instruments de labourage n'ont pas eu à se substituer à la grossière charrue du pays ; mon père avait, il y a bien des années, introduit à Plassac l'araire de *Dombasle*, et je n'ai eu qu'à continuer ses traditions à cet égard. C'est toujours la charrue de *Roville* qui a servi de modèle à celles que tous les ouvriers du pays fabriquent maintenant à merveille, et je les prends alternativement ou chez eux, ou à *Grand-Jouan*, ou à *Grignon*. — Il y a cependant quelques exceptions : d'abord, la charrue double de *Grignon*, qui va parfaitement avec trois chevaux et un seul conducteur ; le brabant double du Nord, de M. *Fondeur*, excellent instrument pour les labours à plat et les labours profonds que j'aime à répéter dans les terres où je place les racines, et que trois chevaux de front mènent à merveille ; les charrues vigneronnes de M. *Du Seutre*.

Les autres instruments à remuer la terre sont : en outre de la herse de M. *Portal de Moux* et des instruments multiples de M. *Pâris* pour la culture des vignes, des buttoirs de MM. *Rivaud* et *Bouilly*, des scarificateurs, des houes à cheval, des herses *Valcourt*, une herse à couteau pour la *luzerne*, un déchaumeur excellent et dont j'avais suivi le travail chez nos fermiers des environs de Saint-Quentin, puis les rouleaux à disques articulés et le rouleau *Croskill*, fabriqués par M. *Legendre*, de Saint-Jean d'Angély.

Le semoir à toutes graines que nous employons encore est le vieux semoir de *Hugues*, qui fut acheté par mon père il y a vingt-cinq ans, et qui fonctionne à merveille.

La moisson se fait à la faux, que nos ouvriers manient fort bien. Nous avons pour faucher la machine de *Wood*, mais je n'ai voulu jusqu'ici l'employer que pour les fourrages artificiels ; puis le râteau à cheval, admirable instrument dont il serait impossible de se passer une fois qu'on en a essayé. — Le battage se fait au moyen d'un manège et d'une batteuse *Pinet*, qui fonctionnent fort bien, mais qui nous laissent le regret de ne pas donner le blé nettoyé, ce qui oblige à une façon supplémentaire coûteuse et nous amènera, malgré le peu d'importance de nos récoltes en céréales, à remplacer cet instrument incomplet.

Quant aux instruments d'intérieur de ferme ce sont : un arbre de couche placé de manière à être mis en mouvement par le manège *Pinet* et à faire fonctionner un hache-paille de grande force, des coupe-racines, le dépulpeur de *Bentall*, des concasseurs, tout ce qui sert enfin à préparer la nourriture du bétail.

Dans ma porcherie, une machine à cuire les légumes à la vapeur de *Stanley* a dû être abandonnée devant l'incurie habituelle des gens appelés à la faire fonctionner, et j'ai adopté une chaudière très-bonne et très-simple, qui a obtenu des récompenses méritées dans tous les concours où elle a été présentée.

Une des parties les plus importantes de mon mobilier agricole, c'est l'outillage de mes chaix. J'ai déjà parlé des divers instruments qui servent à faire la vendange, le macérateur de MM. *Petit* et *Robert*, le moulin à fouler la vendange de M. *Du Seutre*, la table à égrener, les pressoirs, etc. — Je n'ai rien dit des récipients ; ils ne se composaient à Plassac, jusqu'à ces dernières années, que de *tierçons* d'une contenance moyenne de 5 hectolitres, (il y en avait ce qu'il fallait pour loger de 500 à 600 barriques de vin), et quatre cuves à vin rouge d'une contenance totale de 30 à 35 barriques. Ce matériel n'était plus suffisant. Les *tierçons* sont des futailles à la fois très-incommodes et très-chères, car on est obligé de les remuer souvent, et leur poids considérable les fait se détériorer un peu à chacune des évolutions qu'on leur fait faire; de là l'obligation de les rebattre et de les raccommoder tous les ans. Au lieu d'en augmenter le nombre, j'ai résolu de les remplacer peu à peu par de grandes cuves qui varient de la contenance de 115 à 234 hectolitres, et qui ne dépasseront pas le prix de revient de 9 à 10 fr. la barrique, prix auquel je vends facilement mes vieilles futailles; six sont déjà établies dans mon chais, elles sont d'une contenance totale de 1,086 hectolitres; l'année prochaine, trois autres prendront l'emplacement qui leur est réservé et ajouteront à mon matériel de quoi loger 702 hectolitres, ce qui fera un total de 1,788 hectolitres pour mon vin blanc seulement. — Quant au vin rouge, mes vieilles cuves étant presque hors de service, je vais d'ici aux vendanges prochaines les remplacer par des neuves, et voici comment, après avoir examiné quelques-uns des chais modèles des environs de Bordeaux, je compte organiser dans mon vieux chais, d'un aspect fort peu séduisant, mais vaste et commode, un service qui laissera peu à désirer, tout en restant dans les mesures modestes que le peu d'importance de mes vignes rouges me commande de garder.

4 cuves d'une contenance d'environ 60 à 65 hectolitres chacune, et que des mesures exactes, prises sur les cuves employées dans le *Beaujolais*, me permettent de construire dans les mêmes conditions, occuperont la

partie du couchant de mon grand chais. A la hauteur de l'orifice de ces cuves, j'établirai un plancher qui en facilitera singulièrement le service et l'inspection continuelle. — En effet, aussitôt que mes raisins auront passé dans le moulin à vendange et dans l'égrenoir, et auront été débarrassés des rafles, ils seront placés dans des wagonnets qu'un treuil transportera de la fouloire sur le petit plancher qui doit régner tout le long de mes cuves et qui iront y verser leurs charges. Ce sera à la fois simple et commode.

Un mot de ma distillerie nouvelle. Elle est placée à la suite du grand chais, et, au moyen de manchons de toile, le vin s'écoule des cuves dans le réservoir du réchauffe-vin, sans autre peine que celle d'ouvrir un robinet. Ma distillerie, trop petite et n'ayant qu'une seule chaudière, a dû être remplacée l'année dernière par une autre ayant deux chaudières superposées, de manière que le *brouillis* élaboré dans la première se charge dans la seconde et me donne l'eau-de-vie, sans avoir besoin d'opérer un chargement à la pompe qui me prenait beaucoup de temps. Le fourneau, chauffé au charbon de terre, ne demande qu'un feu très modéré et procure une économie considérable sur les anciens procédés. Les chaudières, quoique d'une contenance de 5 et 6 hectolitres, ne sont jamais chargées qu'à 4^h,50 ; mais l'opération se fait si promptement, avec si peu de perte de temps, qu'il est facile de faire dix et onze chauffes par vingt-quatre heures.

A droite et à gauche de la distillerie sont placés deux petits chais à eaux-de-vie, d'un service commode et dans lesquels je placerai des tonneaux d'une contenance de 30 à 40 hectolitres chacun, car, sans cela, il ne pourrait y tenir au delà de 150 hectolitres d'eau-de-vie.

Le moulin situé à *Fonreau*, monté à l'anglaise, avec trois paires de meules, est affermé à un prix très-bas, mais avec la condition de moudre gratuitement tous les grains nécessaires à l'entretien de la maison, et que la consommation des animaux porte à une quantité considérable. — Le meunier doit, en outre, laisser la roue du moulin mettre en mouvement trois pompes disposées horizontalement sur un châssis de charpente, et qui, au moyen de tuyaux, transportent l'eau, après qu'elle a donné le mouvement à la roue, sur le point culminant de la propriété, dans un immense bassin disposé pour l'arrosement facile des terres qui l'entourent. Ce bassin est situé à 357 mètres du moulin et son sol est à 8^m,85 au-dessus du niveau de la rivière.

Moulin.

Mon établissement momentané à Versailles au moment de la fondation de son Institut agronomique, mon titre de membre du comité de l'agriculture de l'Assemblée constituante, dont je faisais partie, m'avaient donné des facilités toutes particulières pour étudier les curieuses races bovines qui avaient été réunies là dans une pensée fort élevée d'avancement des études agricoles en France. Les hommes les plus compétents avaient concouru au choix de tous les animaux que renfermait la ferme de

Vacherie.

Gally, et les types en avaient été on ne peut mieux choisis.

Je ne tardai pas à distinguer dans cette collection une race nouvelle pour moi qui n'avais pas encore visité l'Angleterre et l'Écosse, la race laitière d'*Ayr*. — Les dix charmantes vaches qui la représentaient faisaient par leur rendement en lait l'admiration du vieux vacher *Yémy*, peu porté, cependant, en sa qualité de Suisse, à préférer quoi que ce fût à ses belles vaches de *Schwitz*. L'impression qu'elles avaient faite sur moi par leur conformation élégante, leur pelage agréable à l'œil et toutes les apparences de qualités lactifères très-développées, recevait de l'opinion de *Yémy* une confirmation si formelle et de si réelle valeur, que je pris immédiatement la résolution de faire venir quelques vaches de cette race pour mon compte et de former ainsi un petit troupeau dont j'essayerais l'acclimatation en France. Telle est l'origine de ma vacherie, d'abord installée à Jouy, près Versailles, et transportée à Plassac depuis huit années.

Les obligeants renseignements de M. *Lefebvre de Sainte-Marie*, inspecteur général de l'agriculture et importateur des vaches de l'Institut agronomique de Versailles, me mirent en rapport avec M. *William Forest*, fermier du duc d'*Hamilton* en Écosse, et, de concert avec quelques amis, nous fîmes une première importation qui fut bientôt suivie de deux autres.

Dans le nombre des vaches qui m'échurent en partage, plusieurs avaient été primées plusieurs fois dans les concours anglais; elles avaient été payées en conséquence, mais me donnaient toutes garanties que j'avais des bêtes particulièrement distinguées dans leur race, et l'avantage inappréciable en pareil cas de donner plus d'assurance dans la marche que l'on suit. — Je m'étudiai à tirer race de ces bêtes particulièrement distinguées; l'une d'elles, *Écossaise*, que j'ai toujours considérée comme la meilleure et qui fut importée au printemps de 1852, est encore dans mon étable en 1865. — Cette vache se montra laitière de premier ordre, car elle avait atteint plusieurs fois le rendement de vingt-cinq litres et elle était, en outre, d'une conformation parfaite, très-près de terre. *Écossaise* avait été primée en Écosse, et lors de l'exposition universelle de 1855, je la fis concourir dans la section anglaise, elle y remporta le deuxième prix, battant les vaches du prince Albert, et un Jury exclusivement anglais étant chargé du travail de l'attribution du prix. — Dès lors je m'appliquai à conserver toutes les femelles nées d'*Écossaise*; je ne les réformai jamais qu'après constatation qu'elles ne répondaient pas à ce que j'en espérais; et aujourd'hui ma vacherie renferme dix-sept de ses descendantes, filles, petites-filles et même arrière petites-filles.

Cette sélection attentive m'a permis de rapprocher toutes mes vaches du type que je préfère, sans nuire à leurs qualités laitières; et leurs succès dans les concours ont été, tout à la fois, une précieuse récompense de mes soins, et aussi un moyen d'écouler les élèves que je garde en grand nombre, car jusqu'à cette dernière année, où les ventes ont été à peu près nulles, je me suis défait toujours très-avantageusement de mes animaux, ainsi que le constate un livre de vacherie tenu par moi-même avec un soin scrupuleux. Ma vacherie a obtenu depuis 1855 jusques, et y compris 1864, en outre de nombreuses médailles d'or et d'argent pour avoir fait naître des animaux primés dans les concours,

24 premiers prix,
3 deuxièmes prix,
2 troisièmes prix,

autant de médailles d'or, d'argent et de bronze, et une somme de 12,100 francs.

On sait quelle est la renommée des vaches d'*Alderney* pour la qualité de leur lait jaune et épais. L'entretien de quelques-unes de ces vaches est un luxe que se donne en Angleterre toute maison aisée, car il est là de grande importance d'avoir un lait épais à servir avec le thé, qui est d'un usage si fréquent chez nos voisins : la vacherie de la reine à *Windsor* est tout entière composée de vaches d'*Alderney*. J'ai été bien aise d'avoir à Plassac une couple de ces vaches; elles y sont arrivées pleines en 1863 et m'ont donné un jeune taureau et une génisse qui me permettraient de multiplier cette race si j'y trouvais un avantage. Ces vaches sont horriblement laides, mais d'une grande finesse, et leur lait est d'une telle qualité que j'ai obtenu 20 pour 100 de crème en trois ou quatre heures de repos du lait, et à une température de 8 à 9 degrés seulement.

Deux vachers suisses sont chargés du soin de mes animaux, un petit garçon de journée leur est adjoint depuis que, faute de ventes suffisantes, ma vacherie s'est accrue et a été portée au chiffre de cinquante têtes, nombre réellement anormal et que je veux réduire à trente.

Une grande partie du lait de la vacherie est consommée par les élèves ; notre maison, fort nombreuse pendant sept mois de l'année, lui demande sa provision de beurre et de laitage ; tout ce qui reste disponible est aisément vendu à Saint-Genis au prix de 10 centimes le litre.

La laiterie qui, sauf la *baratte suédoise*, n'a que des ustensiles suisses en bois, est tenue avec une grande propreté. Elle est bien aérée, voûtée, et placée auprès d'une belle fontaine, ce qui lui procure une fraîcheur sans humidité on ne peut plus favorable à sa destination.

C'est en 1850 que j'ai commencé à Plassac de sérieuses études sur les races ovines étrangères qu'il pourrait convenir d'introduire dans nos provinces du sud-ouest pour y améliorer nos races de moutons si défectueuses tant au point de vue de la laine qu'à celui de la conformation qui a une si grande influence sur la précocité et la propension à l'engraissement des animaux. J'essayai, à la fois, l'influence du bélier *South-down*, du bélier *Dishley* et du bélier *Dishley-mérinos* sur les diverses races locales, et les expériences se poursuivirent en même temps dans les Landes et en Saintonge. Dès les premiers croisements, j'obtins des résultats fort curieux au point de vue de la laine, et je pus exposer en 1855 et 1856 des toisons qui me valurent une médaille d'or au concours de Périgueux,

Bergerie.

une médaille d'or au concours d'Auch et une médaille de bronze au concours universel de Paris. Ces études sur les laines avaient été faites avec assez de soin pour que des échantillons de mes produits m'aient été demandés par M. le directeur du musée des matières textiles des Gobelins, auquel je fus très-heureux d'offrir mon cadre d'exposition.

J'avais trouvé, en 1849, installé à Plassac un petit troupeau de brebis de la Gatine du Poitou, auquel je donnai les trois sortes de béliers que j'ai désignées ; je ne tardai pas à remarquer la beauté des produits de croisement *South-down* avec cette race ; aussi, dès la seconde année, supprimai-je toute immixtion de sang *Dishley* ou *Dishley-mérinos*, et m'appliquai-je, en conservant toujours les femelles, à étudier l'influence des divers degrés de croisement de la race étrangère sur la race française. Il serait trop long de dire ici le grand nombre de faits intéressants, d'observations curieuses que j'ai recueillis pendant quinze ans. J'ai déjà eu l'occasion ailleurs d'en rapporter quelques-uns, et peut-être en ferai-je l'objet, un peu plus tard, d'un travail assez développé.

Qu'il me suffise de dire qu'après quinze ans, il résulte de tout ceci un petit troupeau fort curieux, qui ne réside plus à Plassac, mais à la Grolière, près Jonzac, et qui se compose de brebis arrivées au quatrième et au cinquième croisement *South-down*, qui ont toute l'apparence et toutes les qualités de bêtes de race pure.

Je ne tardai pas à être convaincu que la race *South-down* était celle qui devait le mieux améliorer nos races méridionales, et je crus que ce serait rendre un service au pays que de former à Plassac un petit troupeau de race pure, dont les béliers déjà acclimatés pourraient, par cette cause, aller avec de plus grandes chances de succès frapper l'empreinte de leurs qualités. J'avais déjà des mâles provenant de la bergerie de *Montcavrel* et dus au choix obligeant de l'excellent M. *Yvart* ; j'achetai, en 1855, à la suite du Concours universel du Champ de Mars, mes premières brebis ; elles venaient de chez M. *Rigden*. Un peu plus tard, j'en acquis un petit lot venant de chez M. *le duc de Bedfort*, et, enfin, une heureuse circonstance me permit de faire venir de chez *Jonas Webb*, et par l'intermédiaire du propriétaire même de la ferme qu'il exploitait, quelques jeunes brebis pleines de ses béliers de choix. — C'est de ces dernières brebis que sont venus mes meilleurs reproducteurs, notamment le premier prix du concours régional de la Rochelle, le premier prix du concours de Limoges et le premier prix du concours d'Agen.

Pour la première fois cette année, mon lot de jeunes béliers est resté invendu en partie. Il faut attribuer cet échec non à un ralentissement dans l'emploi de cette excellente race, mais aux souffrances de l'agriculture et aux sévères économies qu'elle a dû s'imposer pour surmonter une crise pénible.

Lors d'un voyage en Angleterre, en 1862, j'avais été frappé de l'estime que des bouchers des environs de Londres témoignaient pour une race d'assez grande taille, plus grossière, mais du même pelage que la race *South-*

down, la race du *Hampshire*. Elle était fort bien représentée au concours de *Battersea*, je fus séduit; je me persuadai que ces grandes et belles brebis produiraient à merveille avec le bélier *South-down*, et en vue de cet essai j'en fis venir 10 couples d'Angleterre. Un de mes amis, M. *Standish*, habitant le *Hampshire* même, cette acquisition put être faite dans de bonnes conditions.

J'ai obtenu de très-forts et très-beaux animaux de ces brebis; un lot de jeunes agnelles issues de ce croisement a obtenu un premier prix au concours de Périgueux, l'année dernière; le lot de moutons gras que je vais envoyer au concours de boucherie de Bordeaux ces jours-ci est certainement remarquable; mais, en somme, cet essai n'est pas heureux, je n'en vois ressortir aucune conclusion pratique et je n'y donnerai aucune suite. Je veux rester fidèle à mes *South-down* purs, bien autrement fins, bien autrement sobres, bien autrement précoces.

Porcherie. C'est en 1851 que furent importés à Plassac les premiers animaux des petites races anglaises qui ont été l'origine de ma porcherie actuelle. Ils venaient de l'Institut agronomique de Versailles, et une des deux femelles était de race *New-Leicester*; l'autre de la race de *Lord Radnor*, connue sous le nom de *Coleshill*. La première que j'envoyai au concours universel de Paris, en 1855, et qui y remporta le premier prix de sa catégorie, y obtint, sous le nom de *Lola-Montès*, un succès fort grand. Plusieurs revues illustrées donnèrent son portrait, et ses éminentes qualités lui attirant l'admiration plus flatteuse des hommes compétents, me valurent la bonne fortune de recevoir de nombreuses demandes de ses produits. J'en ai fourni à plusieurs établissements de l'État et envoyé jusqu'en Allemagne.

Les petites races anglaises étaient alors une nouveauté, sous l'aspect au moins de ces animaux si fins, de formes si parfaites; car, en Saintonge, mon père avait déjà entretenu, il y a *trente* ans, des porcs de la race du *Hampshire* que le duc *Des Cars* avait fait venir en Poitou, et dès 1820 la race *Chinoise* avait été répandue par le duc *Decazes* dans les parties du département de la Charente-Inférieure qui se rapprochent de celui de la Gironde, et les empreintes de cette race y sont encore, à l'heure qu'il est, parfaitement distinctes dans les animaux que l'on y nomme les *Tonquins*, et qui sont fort estimés.

Les essais que je fis du croisement des verrats des petites races anglaises avec des truies *saintongeaises, craonoises, limousines*, me donnèrent des résultats si remarquables, et causèrent dans le pays une impression si favorable, que je vis bientôt que cette pratique serait facilement adoptée si on pouvait surmonter les difficultés de toutes sortes que l'on avait à se procurer des reproducteurs de la race améliloratrice, encore fort rares en France. Je n'hésitai pas alors à me défaire de mes truies indigènes et à consacrer ma porcherie à faire ces reproducteurs si désirés.

Mes jeunes élèves se vendirent pendant huit ou dix ans très-facilement au prix fixe de 50 fr. — J'avais quelque peine même à répondre à toutes les demandes. Aujourd'hui cette vente se fait moins facilement, car il existe un grand nombre d'éleveurs qui ont fondé avec mes animaux de grandes ou de petites porcheries; mais la conscience d'avoir rendu un véritable service compense les avantages d'une autre nature que me procurait cette branche de mon exploitation, alors, surtout, que ce service était rendu aux classes laborieuses, qui sont celles qui consomment la viande de porc, et qui la consomment en si grande quantité qu'il se mange en France plus de viande de porc que de viande de bœuf, de vache et de mouton réunis.

Depuis quelques années j'ai mélangé au sang de mes *New-Leicester* le sang d'une sous-race anglaise du nom de *Manchester*, au groin plus long, aux os moins fins, moins près de terre, mais fort précoce, très-vigoureuse et qui arrive à des poids très-élevés. C'est aux femelles que j'ai donné de préférence ce croisement *Manchester*, je les trouve ainsi meilleures laitières, et l'emploi des mâles *New-Leicester* purs dissipe en grande partie chez les produits l'influence des formes un peu grossières des mères.

J'ai aussi donné de temps en temps à mes animaux du sang des *Essex-napolitains*, qui sont de la finesse la plus remarquable, et j'ai fini ainsi par obtenir une sous-race qui a une certaine fixité depuis plusieurs générations. On doit nommer les animaux qui en proviennent des *Essex-Leicester-Manchester*, si on veut indiquer fidèlement leur origine. — Trois porcs de cette sous-race, envoyés, il y a quelques années, au concours de boucherie de Bordeaux, pesaient à eux trois 790 kilos, et j'en ai vu un dépasser 300 kilos à quinze mois.

Comptabilité. Le mode de comptabilité de *Plassac* aussi bien que celui du *Mineur* laissait beaucoup à désirer. Les régisseurs avaient à faire beaucoup d'écritures, passaient beaucoup de temps à cette besogne, et, cependant, leurs résumés manquaient de clarté ; je ne pouvais qu'à certaines époques me rendre un compte suffisant de toutes choses. — C'était là un grand mal ; j'y ai trouvé un remède efficace, je crois. Un habile comptable de Bordeaux, M. Fressac, m'a donné, moyennant un traitement annuel, une partie de son temps, et c'est lui qui, sur des notes, des tableaux disposés pour cela, que les régisseurs enverront chaque semaine, tiendra la comptabilité de *Plassac* et du *Mineur*.
— M. Fressac a été sur les lieux, s'est entendu parfaitement avec les régisseurs qui comprennent l'importance du service que sa coopération leur rendra, et j'ai lieu d'espérer de cette nouvelle organisation un bon ordre et une netteté qui manquaient dans le système actuel.

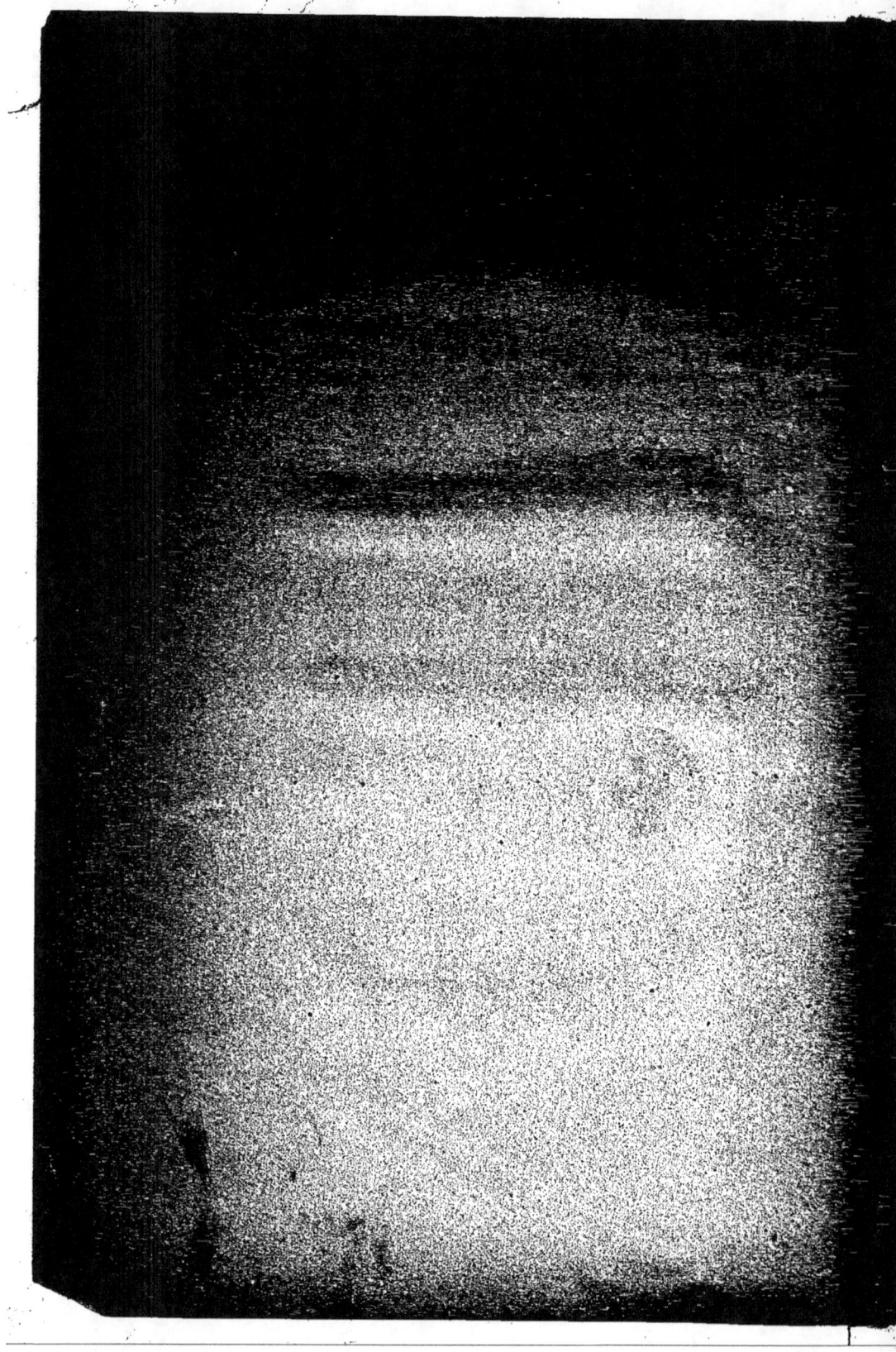

www.ingramcontent.com/pod-product-compliance
Lightning Source LLC
LaVergne TN
LVHW021718080426
835510LV00010B/1023